Annekatrin Warnke
Probleme sind dornige Chancen

Annekatrin Warnke

Probleme sind dornige Chancen

Den eigenen Wert entdecken und leben

johannis

Bibliografische Information der Deutschen Bibliothek
Die Deutsche Nationalbibliothek verzeichnet diese Publikation in
der Deutschen Nationalbibliografie; detaillierte bibliografische
Daten sind im Internet über http://dnb.d-nb.de abrufbar.

ISBN 978-3-501-05274-7

Bestell-Nr. 05274
© 2009 by Johannis-Verlag, Abt. der St.-Johannis-Druckerei
C. Schweickhardt GmbH, Lahr/Schwarzwald
Umschlagbild: photos.com/Jupiterimages
Umschlaggestaltung: Christine Karádi
Gesamtherstellung:
St.-Johannis-Druckerei C. Schweickhardt GmbH,
Lahr/Schwarzwald
Printed in Germany 2009

www.johannis-verlag.de

Inhalt

1. Einleitung 7
2. Titelanalyse: Probleme sind dornige Chancen 10
3. »Katastrophenkäthe« 13
4. Problemursache: ich 17
5. Problemursache: die anderen 29
6. Problemursache: Umstände, Ereignisse 45
7. Gott ermutigt 54
8. Schlussgedanken 62

1. Einleitung

»Nichts ist schwerer zu ertragen, als eine Reihe von guten Tagen.«
Wie finden Sie dieses Sprichwort?

Nach unserem letzten Sommerurlaub habe ich mal wieder gemerkt, dass da wohl was dran sein muss. Wir hatten drei Wochen auf einer ostfriesischen Insel verbracht. Kein Autoverkehr, Superwetter, viel Ruhe, viel Lesen und außer Kochen keine Arbeit. Also ich hätte locker noch 'ne Woche dranhängen können. Mein Angetrauter aber zeigte nach zwei Wochen schon leichte Symptome eines Inselkollers. Man spürte förmlich, wie es in ihm kribbelte, etwas zu tun. Er wirkte etwas unausgeglichen.

An einem Freitag fuhren wir wieder nach Hause. Den Samstag nützte mein Gatte dann zum Gartenmöbeleinölen, zur Jagd nach einem neuen Sonnenschirmständer und zum Kabuffaufräumen. Bei all diesen Tätigkeiten grinste er irgendwie beseelt vor sich hin und genoss abends aufgeräumt und zufrieden sein Bierchen auf der Terrasse.

Ich habe keine Ahnung, was ich mit dem Mann anstellen soll, wenn er mal Rentner ist, aber zum Glück dauert das ja noch ein bisschen! Für mich aber stellte sich die Frage: Ist mein Mann ein Einzelfall? Möchten die meisten Menschen nicht am liebsten immer Urlaub haben und verschont werden von widrigen Umständen? Von dem Zwang, Arbeiten zu müssen, um zu überleben, zum Beispiel. Oder überhaupt von Stress, von Mühen und Plagen.

Es mag sein, dass wir uns so was bisweilen wünschen.

Die Frage ist natürlich, ob uns das guttäte.

Die Frage ist, ob wir Herausforderungen und Probleme in unserem Leben brauchen, ob da gar Chancen darin liegen könnten.

Wenn wir versuchen, diese Frage global zu beantworten, für die Menschheit als Ganzes, dann ist die Antwort recht einfach: Ohne Herausforderungen keine Veränderung, ohne Probleme keine Lösungen. Fortschritt entsteht aus Unzufriedenheit. Warum sollte man etwas verändern wollen, was optimal ist?

Erfindungen werden gemacht, weil unbefriedigende Situationen verbessert werden sollen.

Siegen kann nur jemand, der zuvor gekämpft hat.

Befreiung erfährt nur der, der gebunden war.

Ich denke, theoretisch ist das alles klar.

Die Frage ist, wie sieht das im Leben des Einzelnen aus?

Wenn es um uns selbst geht, sind wir ja eben sehr menschlich.

Wir vermeiden Probleme, wo es geht.

»Niemals hätte jemand den Ozean überquert, wenn er die Möglichkeit gehabt hätte, bei Sturm das Schiff zu verlassen.«

Oft bringt uns gerade das weiter, was wir krampfhaft vermeiden wollen.

Wie können wir persönliche Widrigkeiten als Chancen nutzen?

2. Titelanalyse: »Probleme sind dornige Chancen«

Das Wort »Problem« habe ich mit Bedacht gewählt.

Es liegt mir fern, zu versuchen, irgendetwas Positives aus Katastrophen herauslesen zu wollen. Die Chance, die in dem Tsunami in Thailand gelegen haben soll, erschließt sich mir überhaupt nicht. Auch nicht die Chance anderer humanitärer Katastrophen oder die von tödlichen Krankheiten oder vom Tod überhaupt. Der Duden übersetzt »Katastrophe« mit »entscheidende Wendung zum Schlimmen; Unheil, Verhängnis, Zusammenbruch«. Unter »Problem« dagegen heißt es: »Schwierig zu lösende Aufgabe, komplizierte Fragestellung, Schwierigkeit.« »Katastrophe« und »Problem« sind also völlig unterschiedliche Dinge. Dem ersten sind wir hilflos und schutzlos ausgeliefert, jedenfalls, wenn wir uns nicht von »guten Mächten wunderbar geborgen« wissen. Probleme dagegen haben die Möglichkeit einer Lösung oder Auflösung.

Das zweite Gewicht liegt in meiner Überschrift auf dem Wort »dornige«. Es zeigt hoffentlich, dass es mir überhaupt nicht darum geht, Probleme schönzureden. So etwas kann unter Umständen sogar der Auslöser für eine Katastrophe sein. Es kann gefährlich sein, ein Problem nicht richtig einzuschätzen.

Ein Beispiel: Letztes Jahr war ich mal wieder auf dem Kiez – im St. Pauli Theater. Das Stück heißt »Swinging St. Pauli«. Das ist ein mitreißendes Musical – mit viel Schwung durch den Swing in Sound und Tanz. Zugleich ist es tragisch. Es ist 1941 und Hitler hat sein Idealbild der deutschen Jugend und des deutschen Liedgutes. Über den jungen Männern schwebt drohend die Einberufung an die Front. U.a. Juden und Homosexuelle leben gefährlich. Der Swing gilt als »entartete Negermusik«. Diese Musik wird in Leos Bar gespielt. Leo ist schwul – und er versteckt ein jüdisches Mädchen. Letzteres kann man nicht beweisen, aber die SS hat Leo im Visier. Von dieser Bedrohung wollen die jungen Leute, die sich heimlich bei Leo treffen, nichts wissen. Sie wollen auch nicht an die Front denken. Sie wollen Spaß haben, swingen und tanzen. Sie feiern sogar eine ausgelassene Party im Luftschutzbunker. Ihre sympathische Sorglosigkeit ist verständlich. Klug ist sie nicht. Weil sie die Bedrohung nicht richtig einschätzen, wird einer von ihnen übel zusammengeschlagen von der SS. Und eine von ihnen wird erschossen. Dieses Musical ist mir noch lange nachgegangen.

Probleme richtig zu erkennen, kann lebenswichtig sein. Deshalb: Dornen auch so benennen! Betreiben Sie bloß keine Schönfärberei.

Das letzte wichtige Wort im Titel ist »Chance«, zu übersetzen mit »günstige Gelegenheit«. Somit könnte der Titel auch lauten:

Eine schwierig zu lösende Aufgabe ist eine günstige Gelegenheit.

3. »Katastrophenkäthe«

Es gibt einen Typ Mensch, der extreme Schwierigkeiten hat, auf diesem Weg, Probleme als Chance zu nutzen, erfolgreich zu sein: Katastrophen-Käthe oder – weil es den Typ natürlich auch in männlich gibt – Desaster-Detlef.

Kennen Sie solche Menschen? Gehören Sie vielleicht selbst dazu? In deren Leben gibt es keine Probleme, nur Katastrophen. Sie sind hilflos einem unbarmherzigen Schicksal ausgeliefert, das ihnen sämtliche Kümmernisse der Welt auf einmal beschert. Katastrophen-Käthe und Desaster-Detlef haben die unmöglichsten Kinder, Partner, Chefs, Eltern und Kollegen und werden immer nur ungerecht behandelt.

Da ist es verständlich, dass sie nichts anderes können, als jammern und klagen, was irgendwann auch den gutwilligsten Zuhörer in die Flucht schlägt. Womit ja erneut bewiesen wäre, dass man eben katastrophengeplagt durchs Leben muss und einfach keine Chance hat auf Chancen ...

Ok – Käthe und Detlef sind Karikaturen. Das heißt, sie sind übertrieben, aber nicht unrealistisch. Sie neigen dazu, aus Mücken Elefanten zu machen – aus Problemen Katastrophen.

Es liegt mir fern, mich über sie zu erheben. Ich habe selbst diese »Fähigkeit« in mir. Meine Spezialität ist das Ausmalen von Katastrophenszenarien, die sich künftig ereignen *könnten*. Oder eben auch nicht.

Mein derzeitiger Zukunftsalptraum dreht sich um meine Eltern. Sie leben in NRW, ungefähr 400 km von Quickborn entfernt. Zu zweit bewohnen sie ein riesiges Haus, indem sie tagelang verstecken spielen könnten, falls sie das wollten. Zur Zeit sind sie Ende Sechzig und Anfang Siebzig und können sich noch gut selbst versorgen. Aber wie lange noch? Unübersehbar nagt der Zahn der Zeit an ihnen und die ersten größeren Wehwehchen haben sich längst eingestellt. Leider halten sie selbst sich für »unkaputtbar«, erwägen weder einen Umzug in eine Wohnung mit Aufzug in meiner Nähe, noch haben sie ein Ohr für das Thema »Patientenverfügung«. Ich bin hilflos, kann sie nicht zur Vernunft erziehen. Was passiert, wenn sie von einem Tag auf den anderen nicht mehr für sich selbst sorgen können? Was kommt dann spontan an Entscheidungen und Verpflichtungen auf mich zu? Sich in solche Gedanken um »ungelegte Eier« hineinfallen zu lassen, ist ganz übel, weil es komplett jeden Blick für die Gegenwart verstellt. Meine Gegenwart aber ist zum Genießen! Meine Kinder sind selbstständig, wir sind alle gesund, es geht uns finanziell gut. Ich habe derzeit viele Freiheiten und Möglichkeiten. Was verschenke ich, wenn ich mich in dieser großartigen Zeit um Dinge gräme, die vielleicht so schwarz gar nicht eintreffen, wie ich sie mir ausmale.

Mir ist es inzwischen eine große Hilfe, Menschen kennenzulernen und zu erleben, die den umgekehrten Weg gehen wie Käthe, Detlef und ich. Menschen, die aus Katastrophen Probleme machen und somit auch Chancen.

Bernd Hock ist 40 Jahre alt, Diplompädagoge und Psychotherapeut. Außerdem ist er als Künstler ab und an mit einem Puppentheater unterwegs. Herr Hock trägt einen Herzschrittmacher, leidet unter

Asthma, Heuschnupfen und Wespenallergie. »Nebenbei« ist er noch körperbehindert. An den Händen der sehr kurzen Arme hat er nur je drei Finger. Er hält auch Vorträge – und er hält sie fröhlich, witzig und mit Charme. Ich denke, keiner der Zuhörer zweifelt daran, dass dieser Mann das Leben genießt und es lebenswert findet. Bernd Hock zeigte gerne seine unvollständigen Hände und sagte: »Echte Lebensqualität lässt sich nicht an zehn Fingern abzählen.« Einer seiner vielen anderen Sprüche lautet: »Gott hat mir keinen Zeigefinger gegeben, also will ich auch keinen erheben.« Was für mich eine Katastrophe wäre, ist für ihn »bloß« ein Problem. Deshalb hindern ihn seine Behinderungen nicht daran, ein zufriedenes Leben zu führen.

4. Problemursache: ich

a) Unzulänglichkeiten

Eine meiner Freundinnen – ich nenne sie mal Scarlett – ist Analphabetin. Durch ihre Schwäche war sie über Jahre gezwungen, ein sehr gutes Gedächtnis auszubilden. Ich bewundere sie im Nachhinein dafür, dass sie sich so durch die Schule und das Berufsleben gemogelt hat. Immerhin hatte sie einen Job als Hilfssekretärin! Fragen Sie mich nicht, wie das geht … Es setzt eine unglaubliche Stärke voraus und große Intelligenz. Trotzdem: Solange Scarlett dieses eine Problem verschwieg, hatte sie einen Sack voller Probleme. Dauerstress gehörte dazu – und dieses Gefühl, immer am Rand der Katastrophe entlangzuschrammen. Dann packte sie den Stier bei den Hörnern. Heute kann sie lesen, wenn auch mühsam – ihr gutes Gedächtnis ist immer noch ihr Vorteil. Unglaublich, wie sie zum Beispiel eine Predigt, die sie einmal gehört hat, auch nach Tagen noch wiedergeben kann! Sie hat sich ihren

Unzulänglichkeiten gestellt und an ihnen gearbeitet. Und das, was einmal die Folge ihres Problems gewesen ist, entpuppt sich heute als Motor für ihre Stärke: Dieses phänomenale Gedächtnis.

b) Charakterschwächen

Neid ist so eine Charakterschwäche. Dafür bin ich in früheren Jahren ein gutes Beispiel. Als Hausfrau und Mutter von drei kleinen Kindern fühlte ich mich intellektuell bisweilen unterfordert. Ich saß zu Hause und mein Mann machte Karriere. Ich hatte das Gefühl, aus meinen Möglichkeiten nichts gemacht zu haben. Ich wurde neidisch auf Frauen in meinem Umfeld, die etwas darstellten, latente Unzufriedenheit war die Folge. Diese Haltung war aber in meinen Augen unmöglich. Schließlich hatte ich meine Lebensform selbst gewählt und konnte deshalb meinen Neid nicht zugeben. Als ich mich dieser Schwäche gestellt habe, konnte ich trennen zwischen meinem Gefühl und den Personen, denen es galt. Ich konnte eingestehen, dass es *mein* Problem war und diese Frauen trotzdem nette Menschen. Ich konnte den negativen Neid in positiven Ehrgeiz ummünzen. Der beflügelte mich, Chancen wahrzunehmen, als sie sich boten.

Aggression ist ein weiteres Beispiel für Charakterschwäche. Ich denke an »Marie«, eine starke Persönlichkeit mit viel Wut im Bauch gegen Ungerechtigkeit, Dummheit und Bosheit. Wenn diese Wut als Problem erkannt und zugegeben wird, erst dann kann man sie positiv nutzen – nicht gegen Menschen, sondern gegen Zustände. Marie dagegen war der Meinung, sie dürfe überhaupt keine Wut empfinden. Deshalb hat sie die immer runtergeschluckt und verleugnet. Das hat sie in ihren mittleren Jahren seelisch krank gemacht. Heute ist sie Mitte 60 und entweder depressiv – oder sehr aggressiv gegenüber ihren nächsten Mitmenschen. Sie verdrängte eigene Charakterschwächen und aus Problemen wurden Katastrophen.

Warum eigentlich verdrängen wir so oft unsere Unzulänglichkeiten und Charakterschwächen? Letztlich liegt das am mangelnden Selbstwertgefühl.

Wir denken, man kann uns nur achten und liebenswert finden, wenn wir perfekt sind.

Dabei sind es beispielsweise doch gerade die liebenswerten Schwächen am anderen, die bewirken, dass wir uns verlieben, oder?

Natürlich gibt es Fehler und Schwächen, von denen wir nicht wollen, dass sie irgendjemand erfährt, weil uns eine Verurteilung dann gewiss ist. Ein Mann, der seine entzückende Frau betrügt, die hingebungsvoll ihre drei kleinen Kinder versorgt, kann nicht mit viel Verständnis rechnen – außer dem seiner Geliebten natürlich. Und er wird sich noch mehr zu dieser hingezogen fühlen, weil sie ganz toll findet, was er sogar bei sich selbst manchmal verurteilt. Manchmal nennen Menschen »Liebe«, was eigentlich vor allem eine Komplizenschaft ist. Neben mangelndem Selbstwertgefühl führt also auch Schuld dazu, Probleme mit dem eigenen Charakter nicht wahr haben zu wollen.

Um solche Probleme offen anzugehen, hilft es, folgende einfache Tatsache zu verinnerlichen: *Nobody is perfect*!

Nicht nur, dass auch die anderen nicht erste Sahne sind, nein! – es ist auch eine Tatsache, dass jeder Mensch schuldig wird. Meistens sogar ohne böse Absichten. Ich finde, diese Tatsache kann helfen, zumindest vor sich selbst ehrlicher zu werden. Was mir persönlich vor allem dabei hilft, ist das Wissen: Gott liebt mich – so wie ich bin. Er kennt mich – schließlich hat er mich gemacht – und das hindert ihn nicht daran, mich wirklich sehr, sehr gern zu haben. Weil ich an dieser Stelle ein ganz persönliches Bekenntnis abgelegt habe, möchte ich auch noch aus einem meiner Lieblingslieder zitieren:

Gott, ich danke dir, dass du mich kennst und trotzdem liebst

und dass du mich beim Namen nennst und mir vergibst!

Und du richtest mich wieder auf und du hebst mich zu dir hinauf!

Gott, ich danke dir, dass du mich kennst und trotzdem liebst!

Mit diesem Gebetslied von Albert Frey können Sie natürlich nicht viel anfangen, wenn sie gar nicht an Gott glauben. Dann wünsche ich Ihnen, dass Sie das irgendwann können. Bis dahin helfen Ihnen aber folgende Leitsätze schon sehr, aus Problemen, deren Ursache in Ihnen selbst liegt, Chancen zu machen:

- Verdrängung macht aus Problemen Katastrophen

- Stelle dich deinen Unzulänglichkeiten und Charakterschwächen! Arbeite an ihnen!

- Auch die anderen sind nicht perfekt und ohne Schuld!

c) Resignation

Die größte Katastrophe im Umgang mit den eigenen Schwachpunkten ist Resignation. Was können Gründe dafür sein, dass ein Mensch in seinem Leben resigniert?

Resignation bedeutet ja *aufgeben*. Wer resigniert, ist der Meinung: Ich bin machtlos. Ich bin Gegebenheiten ausgeliefert, an denen ich nichts ändern kann. Ich muss hinnehmen, dass ich nicht lebe, sondern gelebt werde. Ich füge mich in mein Schicksal und gebe jegliches Streben nach Veränderung auf.

Welche Gründe führen zu so einer Haltung? Hier sind drei davon:

1. Gene

Was wir von unseren Vorfahren erben, können wir nicht selbst bestimmen. Eine unserer Töchter hat die Veranlagung zum grünen Star – Glaukom – genau wie sonst in unserer Familie nur mein Schwiegervater. Um den Ausbruch der Krankheit zu verhindern, muss sie spezielle Augentropfen nehmen. Aus meiner Familie hat sie die Kurzsichtigkeit geerbt. Im Bezug auf ihre Augen also sagt sie: »Mist! Man erbt nur den Müll!« Was natürlich nicht stimmt. In Wahrheit ist ihr Gen-Mix höchst interessant und liebenswert und darin liegen Möglichkeiten für Stärken und Schwächen, Gutes und Schlechtes. Niemand erbt nur »Müll«. Wir entscheiden selbst, auf welches Erbgut wir unseren Blick fixieren. Und wir entscheiden selbst, was wir mit diesem Erbgut machen. Niemand ist dazu verdammt, genauso zu werden wie die eigene Mutter, bloß weil sie uns viel von ihrem Charakter mitgegeben hat.

Ein Freund hat bei sich einen Hang zur Depression festgestellt. Seine Mutter leidet sehr schlimm daran. Mein Freund hat auch andere Ähnlichkeiten mit seiner Mutter. Er muss aufpassen, dass diese Ähnlichkeiten nicht sein Leben bestimmen. Schnell resigniert er mit den Worten: Ich bin eben wie Mama! Und ich versuche ihm klar zu machen: Das stimmt nicht! Du gehst mit deinen Genen ganz anders um als deine Mama! Sie hat nie darüber nachgedacht, was an ihr vielleicht problematisch sein könnte. Niemand war ihr ein richtiger Spiegel für ihr Verhalten. Deshalb ist sie heute fast 70 und nie auf die Idee gekommen, dass sie versuchen könnte, was zu ändern. Du aber leidest an deinen Macken – und deshalb bist du ihnen nicht hilflos ausgeliefert. Du hast die Möglichkeit, schon mit 40 Jahren an ihnen zu arbeiten.

2. Erziehung

Bei mir ist es anders als bei meinem Freund. Ich habe fast eins zu eins den Charakter meines Vaters geerbt: Er ist locker, charmant, ein großartiger Geschichtenerzähler – und bisweilen oberflächlich. Diese Oberflächlichkeit führt z. B. dazu, dass er in Nullkommanichts mit Fremden gut Freund ist und ihnen vieles anvertraut. Und natürlich wurde so was von manchen Menschen ausgenutzt.

Das fand meine Mutter ganz entsetzlich. Und

weil sie sah, dass ich genauso bin, hat sie mit ihrer Erziehung massiv gegengesteuert. Mit 20 war ich zwar nach außen ein recht freundlicher Mensch, aber ich war innerlich voller Misstrauen. Hinter netten Worten und Komplimenten vermutete ich niedrige Absichten, ich zeigte eigene Wertschätzung anderen Menschen nicht, weil mir nichts wichtiger war, als meinen Stolz zu behalten. Ich wollte auf keinen Fall verletzlich sein. Ich war 24 und wir zogen als junge Familie 400 km weit weg von meinen Eltern. Peu a peu kamen meine Gene durch. Heute kann ich Lob gut annehmen, ich kann anderen zeigen, wie sehr ich sie mag. Und ich lebe das, was ich wirklich bin: Ein Gemeinschafts- und Beziehungsmensch. Das heißt übrigens nicht, dass jede gute Erziehung vergeblich ist, weil jeder miese Charakter am Ende wieder durchschlägt. Es gibt Dinge, die meine Mutter mir anerzogen hat und die ich beibehalten habe. Von Natur aus bin ich auch ein oberflächlicher Chaot. Meine Mutter hat mich gelehrt, zu hinterfragen, beständig zu sein und eine gewisse Ordnung zu halten. Das finde ich prima, dafür bin ich ihr dankbar und das versuche ich, weiterhin zu leben. Irgendwann ist jeder von uns ein mündiger Mensch. Dann können wir entscheiden, welche

Gene wir kultivieren und welche nicht. Wir können entscheiden, welche anerzogenen Gewohnheiten wir beibehalten wollen und welche nicht. Diesen beiden Faktoren sind wir nicht hilflos ausgeliefert.

Sobald wir ihre Stärken und Schwächen erkennen, können wir auch daran arbeiten. Das ist natürlich ein Prozess und nicht auf Knopfdruck zu haben. Veränderung ist Arbeit. Aber ob wir angesichts unverschuldeter Altlasten aus unserer Kindheit resignieren oder daran arbeiten, ist unsere persönliche Entscheidung. Es ist gut, sich der Vergangenheit zu stellen. Es ist auch gut, anzuschauen, was – meist ja ohne böse Absichten – an einem verbockt wurde.

Zur ordentlichen Buchführung gehört aber nicht nur die »Sollseite«, sondern auch die »Habenseite«: Auch meine Stärken sind ein Ergebnis meiner Geschichte. Wie kann ich diese Stärken weiterentwickeln? Resignation verhindert diese positive Arbeit.

Aufgeben heißt Stillstand. Darum:

– Wenn Gene und Erziehung dich resignieren lassen wollen, dann arbeite an einer »ordentlichen« Buchführung!

Es gibt aber auch Gründe für Resignation an uns selbst, die nicht unmittelbar mit unserer Prägung zu erklären sind. Dazu gehört:

3. Eigenes Versagen, Schuld
Natürlich wird immer wieder versucht, Versagen und Fehler eines Erwachsenen mit seiner Vergangenheit zu entschuldigen. Irgendwann aber ist es erwachsen, selbst Verantwortung zu übernehmen. Ist ein Kind von Alkoholikern z.B. wirklich dazu verdammt, selbst Alkoholiker zu werden? Sind Mörder nicht verantwortlich für ihre Tat, wenn sie eine schwere Kindheit hatten? Das sind schwierige Fragen, die bis heute nicht abschließend geklärt sind und auch in unserem Rechtssystem eine große Rolle spielen.

In der Bibel können wir sehen, dass diese Frage aus göttlicher Sicht geklärt ist. Gott stellt ganz nüchtern fest, dass alle Menschen schuldig werden. Allerdings lässt er das auch nicht als Ausrede gelten für Resignation. Gott ist ein Gott, der Neuanfänge schenkt. Er nagelt uns nicht fest, wenn wir Fehler machen. Er hält sie uns auch nicht immer wieder vor. Sobald wir unsere Fehler nicht mehr vertuschen, verdrängen oder einfach an uns selbst resignieren, gibt Gott die Möglichkeit eines Neustarts. Die Bibel hat da einen starken Vergleich: Wenn wir unsere Schuld einsehen, wenn uns unsere Fehler leid tun, dann nimmt Gott sie und versenkt sie im tiefsten Ozean. Und dann darf niemand versuchen, danach zu angeln, um sie wieder an die Oberfläche zu holen. Das ist ein großartiges Bild. So ist Gott! Zur Reue gehört allerdings auch der Wunsch nach Wiedergutmachung. Nicht, dass Gott das für sich persönlich braucht. Er ist souverän und wir können bei ihm nichts »gut« machen. Wenn wir aber an Mitmenschen schuldig geworden sind, dann gilt es schon, zu versuchen, etwas wiedergutzumachen. Das Mindeste, was dann dran ist, ist die Bitte um Entschuldigung, um Verzeihung. Manchmal scheint es da leichter zu sein, angesichts eigener Fehler den Kopf in den Sand zu stecken, zu resignieren. Wer entschuldigt sich schon gerne? Darum:

– **Überlege, ob Resignation an dir selbst auch ein Zeichen von Feigheit und Bequemlichkeit sein kann.**

Es gibt aber auch Gründe für Resignation an uns selbst, die nicht unmittelbar mit unserer Prägung zu erklären sind. Dazu gehört:

3. Eigenes Versagen, Schuld
Natürlich wird immer wieder versucht, Versagen und Fehler eines Erwachsenen mit seiner Vergangenheit zu entschuldigen. Irgendwann aber ist es erwachsen, selbst Verantwortung zu übernehmen. Ist ein Kind von Alkoholikern z.B. wirklich dazu verdammt, selbst Alkoholiker zu werden? Sind Mörder nicht verantwortlich für ihre Tat, wenn sie eine schwere Kindheit hatten? Das sind schwierige Fragen, die bis heute nicht abschließend geklärt sind und auch in unserem Rechtssystem eine große Rolle spielen.

In der Bibel können wir sehen, dass diese Frage aus göttlicher Sicht geklärt ist. Gott stellt ganz nüchtern fest, dass alle Menschen schuldig werden. Allerdings lässt er das auch nicht als Ausrede gelten für Resignation. Gott ist ein Gott, der Neuanfänge schenkt. Er nagelt uns nicht fest, wenn wir Fehler machen. Er hält sie uns auch nicht immer wieder vor. Sobald wir unsere Fehler nicht mehr vertuschen, verdrängen oder einfach an uns selbst resignieren, gibt Gott die Möglichkeit eines Neustarts. Die Bibel hat da einen starken Vergleich: Wenn wir unsere Schuld einsehen, wenn uns unsere Fehler leid tun, dann nimmt Gott sie und versenkt sie im tiefsten Ozean. Und dann darf niemand versuchen, danach zu angeln, um sie wieder an die Oberfläche zu holen. Das ist ein großartiges Bild. So ist Gott! Zur Reue gehört allerdings auch der Wunsch nach Wiedergutmachung. Nicht, dass Gott das für sich persönlich braucht. Er ist souverän und wir können bei ihm nichts »gut« machen. Wenn wir aber an Mitmenschen schuldig geworden sind, dann gilt es schon, zu versuchen, etwas wiedergutzumachen. Das Mindeste, was dann dran ist, ist die Bitte um Entschuldigung, um Verzeihung. Manchmal scheint es da leichter zu sein, angesichts eigener Fehler den Kopf in den Sand zu stecken, zu resignieren. Wer entschuldigt sich schon gerne? Darum:

– **Überlege, ob Resignation an dir selbst auch ein Zeichen von Feigheit und Bequemlichkeit sein kann.**

5. Problemursache: die anderen

In Beziehungen sind es ja mindestens zwei, die ihre Probleme als Chance nutzen müssen, damit sich etwas bewegt. Je besser man sich kennt, desto besser weiß man auch über die Fehler und Schwächen des anderen Bescheid und desto mehr stören sie einen. »Jeder ist normal, bis du ihn kennenlernst«, heißt ein treffender Buchtitel zum Thema Beziehungen, Untertitel: »Das Dilemma der Stachelschweine«. Das Buch zeigt deutlich auf, dass Probleme in Beziehungen normal sind. Sie erinnern sich? »Problem« heißt: schwierig zu lösende Aufgabe. Um aus solchen Problemen Chancen zu machen statt Katastrophen, gelten ähnliche Leitsätze wie für die Probleme in uns selbst. Achten Sie auf die feinen Unterschiede!

- **Verdrängen macht aus Problemen Katastrophen!**
- **Stelle dich den Unzulänglichkeiten und Charakterschwächen der anderen!**
- **Aber: Versuche nicht, sie zu ändern!**

– **Auch du selbst bist nicht perfekt und ohne Schuld!**

Einschub: Eine Beispielgeschichte

Sie war die Mutter meiner Mutter und wurde noch vor dem 1. Weltkrieg als Jüngste von sechs Kindern in Westfalen geboren. Die Eltern meiner Oma – sie hieß Frieda-Ida – waren strenggläubige, evangelikale Freikirchler. Das bedeutete, dass es in den »wilden zwanziger Jahren« und darüber hinaus im Elternhaus meiner Oma und in ihrer Kirche ganz anders zuging als in der normalen Umgebung. Freiheit und Vergnügen waren unbekannte Vokabeln für Frieda-Ida, Theater und Tanz war »Sünde« und Gott ein sehr strenger »Polizist«, der peinlich genau darauf achtete, dass keine Tat, kein Wort und noch nicht mal ein Gedanke über seine engen Grenzen hinausging.

Vor allem Frieda-Idas Mutter verkörperte diesen strengen Gott mit aller Härte in ihren Urteilen und Strafen. Da war es kein Wunder, dass sich die fünf großen Geschwister meiner Oma so schnell wie möglich aus dem Staub machten. Vier sind in den frühen dreißiger Jahren nach USA ausgewandert, einer fuhr, sobald er konnte, zur See.

Mit 17 Jahren blieb meine Oma ganz alleine in ihrem düsteren, freudlosen Elternhaus zurück.

Es war nur zu verständlich, dass sie den ersten Sonnenstrahl, der sich in ihrem Leben zeigte, kritiklos in sich aufgesogen hat. Sie war 21 – und aufklärungsmäßig auf einem Stand, den heutige Zehnjährige schon weit hinter sich gelassen haben. Das Thema »Sexualität« kam in ihrem Elternhaus eben nicht vor. Mit 21 also sprach der schneidige Soldat aus dem »vorhitlerschen« 100.000-Mann-Heer sie an.

Er war in der Lungenklinik direkt gegenüber ihres Elternhauses als Sanitätssoldat stationiert. Er war kein bisschen fromm, aber sehr gut aussehend und machte dem bildhübschen Nachbarsmädchen schöne Augen. Frieda-Ida war hin und weg und ließ sich zu heimlichen Ausflügen verführen. Und zu mehr – ohne, dass sie einordnen konnte, was da mit ihr passierte.

Deshalb wusste sie auch nicht, warum ihr auf einmal morgens immer so übel war. Irgendwann kam ihrer Mutter die Erleuchtung – und schreckliche Zeiten brachen für das Mädchen an. Gemäß ihrer strengen Moralvorstellungen und ihres Gottesbildes vom »Polizisten« stellte Frieda-Idas Mutter die schwangere Tochter gnadenlos an den

Pranger. Als »teuflisch« und als »Hure« wurde sie bezeichnet.

Der schneidige Soldat bewies preußisches Pflichtgefühl, als er Frieda-Ida heiratete. Er zog mit ein in das Haus seiner extrem frommen Schwiegereltern – aber das war kein Happy End. Meine Uroma versuchte dauernd, ihn zu bekehren – und ihren ersten Enkelsohn behandelte sie gnadenlos als »Kind der Sünde«. Obwohl meinen Großeltern noch zwei weitere Kinder geboren wurden – u. a. meine Mutter – wurde die Ehe nicht glücklich. Während meine Oma aus ihrem Pflichtgefühl heraus ihre Mutter zu Hause bis zu deren Tod pflegte, nahm mein Opa sich eine langjährige Geliebte.

Die Geschichte meiner Oma ist eigentlich die Geschichte einer Verliererin. Ätzende Erziehung, bittere Beziehungsprobleme und eigenes Versagen, persönliche Schuld – genug Gründe, um zu resignieren, oder? Dennoch erinnere ich mich an meine Oma als eine der fröhlichsten Personen, die ich kenne.

Als ich geboren wurde, war sie Anfang 50. Und solange ich zurückdenken kann, habe ich diese Oma geliebt. Sie war fröhlich und zugewandt –

und hat mir das Bild eines persönlichen, zugewandten und auch fröhlichen Gottes vermittelt. Wie konnte das angehen bei ihrer Lebensgeschichte? Resignation als Reaktion hätte ich absolut nachvollziehen können. Aber sie ist nicht bei ihrer ätzenden Vergangenheit stehen geblieben.

Ich weiß, dass sie Freunde an sich herangelassen hat. Freunde wie Schwester Martha, eine liebevolle Diakonisse aus der Lungenklinik von gegenüber. Sie hat u. a. dazu beigetragen, dass meine Oma ein anderes Bild vom Leben und Gott bekommen hat, als das, womit sie von Geburt an geschlagen war. Was meine Oma leisten musste: Sich auf diese Ideen, die so ganz neu für sie waren, einzulassen. Das hat sie getan. Und das Leben angepackt, statt einzupacken. Sie hat es so angepackt, dass sie ihrer ältesten Enkelin ein Vorbild geworden ist. Ein Ansporn, trotz vieler Nackenschläge des Lebens nicht einfach aufzugeben und zu resignieren. Ein Ansporn auch, Gott persönlich kennenzulernen und nicht auf das zu hören, was andere einem als Gott verkaufen wollen.

Zurück zur Theorie der Beziehungsprobleme. Ich denke an eine kleine Theaterszene. Zu Beginn sieht man die alte, vornehme »Tante Trude« griesgrämig am Kaffeetisch. Aus dem »Off« hört man eine weibliche Stimme liebevoll einen männlichen Besucher verabschieden. Diese Stimme gehört zu der Nichte von Tante Trude, Mitte 30, bis vor kurzem Dauersingle. Dann kommt die Nichte zurück und im folgenden Gespräch erfährt der Zuschauer den Stand der Beziehung zwischen den beiden. Die Nichte ist seit ihren Teenagerjahren Vollwaise, die Tante hat sie aufgenommen – und in den folgenden Jahren kräftig ausgenutzt als Gesellschafterin und Mädchen für alles. Die junge Frau war so von ihrer Tante in Anspruch genommen, dass sie keine Zeit für ein eigenes Leben hatte. Es ist ein Wunder, dass sie dennoch kürzlich den »wunderbaren Bernhard« kennengelernt hat, der sie sofort heiraten möchte. Die zwei wollen dann als Entwicklungshelfer in Übersee arbeiten. Diese Aussichten gefallen Tante Trude überhaupt nicht. Sie zieht alle Register, um die Nichte bei sich zu behalten: Sie macht Bernhard schlecht, bringt ihre angegriffene Gesundheit ins Spiel und ihr letzter Trumpf sieht so aus: Die Nichte müsse dankbar sein, dass die Tante sie nach dem Tod der Eltern aufgenommen hat und deshalb bis an ihr Lebensende diese »Schuld« zurückzahlen. Im Stück wird deutlich, dass diese

Druckmittel der Tante bisher immer Erfolg hatten. Aber plötzlich erscheint das personifizierte Gewissen der Nichte am Kaffeetisch und macht der jungen Frau klar, dass die Tante sie ein Leben lang durch geschickte Manipulation gefügig gehalten hat. Im Zweifelsfall griff immer das Druckmittel des schwachen Herzens … Im Theater gab es ein Happy End. Die Nichte enttarnte endlich das böse Spiel und entschloss sich, ihr eigenes Leben zu leben. Diese Szene entfaltet den Wendepunkt in der Beziehung zwischen »Tante Trude« und ihrer Nichte. Jahrelang hat die Nichte sich resigniert in ihr Schicksal gefügt. Sie war gefangen in einem Rollenspiel: Tante Trude war das scheinbar so hilflose Opfer, ihre Nichte hatte die Rolle des Retters oder Ritters zu spielen. Für Tante Trude war das ganz logisch: Schließlich hatte ihre Verwandte eine alte Schuld abzubezahlen. Das hatte sie dem Mädchen jahrelang eingetrichtert. Und statt dagegen anzukämpfen, hatte sich die Nichte klaglos in ihr Schicksal gefügt.

Dann kam der Wendepunkt.

Plötzlich lehnt sich im Inneren der Nichte etwas auf.

Und Wirklichkeiten werden aufgedeckt.

In Wahrheit ist die Nichte das Opfer und die Tante der Täter.

Diese Erkenntnis kommt mit Macht.

Wenn so etwas geschieht, gilt es zu handeln.

Es braucht natürlich viel Mut und Energie, nach Jahren des Theaterspielens aus dem »Stück« auszubrechen. Gut geübte Rollenspiele geben ja auch ein Stück Sicherheit. Und manchmal scheint es bequemer, im gewohnten Trott zu bleiben.

Auch, wenn er ätzend ist. Denn wer weiß, ob ein Aufbruch oder Ausbruch nicht noch ätzendere Folgen hat? Zum Glück ist die Nichte das Risiko eingegangen. Und es ist passiert, was meistens passiert, wenn einer aus einem Rollenspiel aussteigt: Der andere, die anderen können das Theater nicht alleine weiterspielen. Auch sie müssen ihren »Text« ändern!

Natürlich geht ein Ausbruch aus Beziehungsspielchen nicht immer so gut aus wie im Theater. Es kann auch sein, dass so etwas zu einem völligen Bruch der Beziehung führt, weil der andere nicht damit umgehen kann, dass jetzt manches anders ist. Vielleicht kann auch der »Aussteiger« auf Dauer nicht damit umgehen. Aber hier scheint mir ein oft zitiertes Sprichwort mal wieder angebracht: »Besser ein Ende mit Schrecken als Schrecken ohne Ende.«

Wenn Sie in Beziehungen unglücklich sind, weil sie das Gefühl haben, nur eine Rolle zu spielen – eine, die Sie noch nicht mal selbst gewählt haben, – dann können Sie sich resigniert damit abfinden. Sie können aber auch über folgenden Tipp nachdenken: *Change it, love it or leave it*! Das ist so ein markanter Satz aus Psychologie und Managementstrategie. Übersetzt heißt das: *Ändere es, liebe es oder verlass es*!

In vielen Fällen ist dieser Satz eine echte Hilfe im Umgang mit eigenen Fehlern, schwierigen Menschen oder üblen Zuständen. Es ist Resignation, beim Klagen und Jammern stehenzubleiben. Im übrigen nervt es auch irgendwann die Umgebung. Eine Freundin klagt schon seit Jahren darüber, dass sie zu dick ist? Sagen Sie ihr:

«Change it, love it or leave it« – und beenden Sie jede weitere Diskussion.

Die Nichte im Anspiel hat die Variante: »Ändere es« gewählt.

Meine Oma, die Grund gehabt hätte, über ihr

Leben zu jammern, hat die Variante »liebe es« gewählt. Ich gebe zu, dass ist die schwierigste Variante. Sie bedeutet, das Übel zu sehen, es nicht schönzureden und trotzdem das Beste daraus zu machen. Meine Oma hat das Leben geliebt. Sie füllte es mit Gesang, viel Zeit für Menschen aller Art und ganz viel Fröhlichkeit und Liebe. Das kann nicht jeder – »verlassen«, was einen unglücklich macht, ist da die einfachere Variante.

Kennen Sie auch Menschen, die ewig klagen, was sie alles zu tun haben? Die Wäscheberge ihrer fast erwachsenen Kinder, die Anrufe bei den Schwiegereltern, das Schmücken der Kirche zum Advent – alles bleibt an ihnen hängen! Wenn Sie keine Lust mehr haben auf solche resignierten Klagen, dann sagen Sie einfach mal: Lass es doch! Zwingt dich doch keiner!

Einschub: Eine (erfundene) kleine Geschichte zum Schmunzeln

Bis letzte Woche war wieder mal meine Schwiegermutter zu Besuch. Angekündigt hatte sie sich für eine Woche. Als dann die dritte Woche ins Land ging, ohne dass sie Anstalten machte, wieder zu verschwinden, musste ich unbedingt mal raus. Und traf mich mit meiner besten Freundin auf einen Drink in der nettesten Kneipe unserer Stadt. Bärbel hatte schon einen großen Cocktail für mich bestellt Dankbar ließ ich mich auf einen Stuhl plumpsen und atmete erstmal tief durch. »Sie hat schon wieder verlängert«, zischte ich zwischen zwei Schlucken aus meinem Strohhalm. »Das heißt für mich: Noch 'ne Woche auf der Wohnzimmercouch schlafen.« Bärbel starrte mich völlig verdutzt an. Es hatte ihr die Sprache verschlagen – was ein kleines Wunder ist, wenn man sie kennt. »Na ja«, erklärte ich ihr, »in meiner Hälfte vom Ehebett liegt doch Schwiegermama!« Da stellte Bärbel die völlig überflüssige Frage, wo denn Kurt schlafe. Na wo schon? In seiner Hälfte vom Ehebett natürlich!

An Bärbels Reaktion habe ich dann gemerkt, dass unsere häuslichen Schlafgewohnheiten wohl doch nicht für jeden so natürlich sind. Aber was soll ich machen? Meine Schwiegermutter hat mich doch wie immer ganz freundlich gefragt. »Es macht dir bestimmt *nichts aus, Kindchen, mir für ein paar Nächte meinen kleinen Jungen zurück zugeben? Seit mein Heinz von uns gegangen ist, haben Kurt und ich* immer *in einem Zimmer ge-*

schlafen – bis du ihn mir weggenommen hast. Ich bin ja auch gar nicht nachtragend, aber dafür kannst du jetzt wenigstens mal großzügig sein!«

Tja – was soll ich denn da machen? Ich kann doch nicht einfach »nein« sagen! Bärbel war ganz entschieden der Meinung, ich müsse *»nein« sagen. Sie fand sogar, dass Kurt »nein« sagen müsse! Der »kleine Junge« sei immerhin schon 42! Bärbel hat gut reden! Kurt kann seiner Mutter nichts abschlagen. »Sie hat doch bloß mich«, sagt er immer, »kannst du denn nicht viermal im Jahr über deinen Schatten springen und ein paar Tage auf dem Sofa schlafen?« Bärbel bearbeitete mich noch eine ganze Weile. Sie wollte mich partout davon überzeugen, dass ich aber wirklich unbedingt lernen müsse, »nein« zu sagen, so wie sie das auch gelernt habe. Ich überlegte dann seufzend, ob ich nicht besser vor zehn Jahren »nein« gesagt hätte, als Kurt vor mir kniete und die Frage aller Fragen stellte: »Willst du uns heiraten?« Bevor ich eine Antwort fand, sprang Bärbel plötzlich auf und hockte sich unter den Tisch. Ängstlich flüsterte sie: »Guck aus dem rechten Fenster! Und dann sag mir, wenn diese korpulente, dominante Person mit dem aggressiven roten Hut weitergegangen ist.« Irgendwann verschwand die wirklich leicht be-*

drohlich wirkende Dame vom Fenster und bewegte sich weiter die Straße hinauf. Immer noch zitternd hockte sich Bärbel ermattet wieder auf ihren Stuhl. Ich erfuhr, dass es sich bei ihrem Schreckgespenst um die Vorsitzende der Schulcafeteria handelte. Die hatte dort für diesen Tag einen Putztermin befohlen und erwartet, dass vor allem alle Nichtberufstätigen daran teilnahmen. Nun hatte Bärbel aber keine Lust gehabt, sich schon wieder ehrenamtlich abzurackern, nur weil das von ihr als Hausfrau so verlangt wurde. Also hatte sie eine weit entfernt lebende Cousine erfunden, die am Putztag angeblich Polterabend feiern wollte und angeblich Bärbel dazu sehnsüchtig erwartete.

Ich brach in schallendes Gelächter aus. Es tut einfach gut, »Ratschläger« dabei zu ertappen, dass sie selbst nicht schaffen, was sie predigen – selbst dann, wenn es sich um die beste Freundin handelt. Feierlich versprachen wir uns, ab sofort ganz selbstbewusst »nein« zu sagen. Dann passierte Folgendes: Eine junge Person mit hübschem Gesicht, Strubbelfrisur mit pinken Strähnen und einem atemberaubend knappen Minirock tänzelte auf unseren Tisch zu und klapperte mit einer Spendenbüchse. »Eine kleine Spende für die Aus-

schmückung der Wagen zur ersten Quickborner Loveparade!?«, befahl sie eher, als dass sie fragte. Bärbel schüttelte energisch den Kopf und ich sagte selbstbewusst, mit fester Stimme: »Quickborner Loveparade? Das interessiert uns nun wirklich nicht! Da spenden wir ganz bestimmt nicht für!« Da wurde die Kleine aggressiv, nannte uns zurückgebliebene Tussen und miefige Hausmütterchen. Ihr vernichtendes Urteil lautete, wir wären absolut out. An dieser Stelle kramten Bärbel und ich zeitgleich hektisch nach den Geldbörsen in unseren Taschen. Die Kleine war noch nicht fertig und grölte durch die Kneipe: »Griesgrämig seid ihr - und neidisch auf unser jugendliches Körpergefühl! Klar, wer nicht im Bikini durch die Straßen tanzen kann, der gönnt das auch sonst keinem! Ihr ...« An dieser Stelle klapperten unsere Münzen in die Spendendose. Da sagte diese Person ganz freundlich »Vielen Dank« und zog mit der klappernden Büchse weiter. Bärbel und ich hatten schlagartig begriffen, dass wir das selbstbewusste »nein sagen« doch noch ein wenig üben müssen.

Umstände zu ändern oder zu verlassen, ist also ein wirklich guter Tipp. Oder eben lernen, »nein« zu

sagen. Beziehungen sind oft nicht so einfach zu verlassen oder zu ändern. Ich denke an eine Cousine von mir mit drei Kindern zwischen fünf und neun. Die Jüngste und der Älteste sind ADS-Kinder, der Älteste leidet auch noch am »Aßbergersyndrom«. Wer von Ihnen Ahnung von hyperaktiven, wahrnehmungsgestörten Kindern hat, weiß, was das für meine Cousine und ihren Mann bedeutet. Das ist Stress pur – und Resignation wäre verständlich. Aber die Eltern wissen, dass diese anstrengenden Kinder ihre Aufgabe sind, dass sie Verantwortung haben. Mit ganzem Herzen leben sie das »Love it«. Und sie kämpfen für sie wie Löwenmütter! Der Älteste braucht eine Begleitperson für die Schule. Da ist Kampf mit den zuständigen Behörden angesagt! Drei Dinge helfen den Eltern, ihre Situation anzunehmen, sie zu lieben:
– sie sind hervorragend informiert über die Krankheit ihrer Kinder,
– sie nehmen jede Hilfe in Anspruch, die sie haben können
– und sie teilen ihre Sorgen und Nöte mit anderen.

Sie leben Gemeinschaft und Freundschaft. Das zu lieben, was einem das Leben schwer macht, schafft man nicht alleine! Dazu gehört es, sich zu öffnen, sich mitzuteilen, sich helfen zu lassen.

6. Problemursache: Umstände, Ereignisse

Jetzt möchte ich Ihnen von einer Frau erzählen, die mir ein großes Vorbild ist. Sie lebte vor mehr als 2000 Jahren und wird uns in der Bibel vorgestellt. Dieses alte Buch fasziniert mich u. a., weil es so erstaunlich modern ist. Und in einer Offenheit erzählt, die mich immer wieder verblüfft. Den Menschen der Bibel ist nichts Menschliches fremd und niemals werden dort Unzulänglichkeiten oder Charakterschwächen der Helden und Heiligen verschwiegen oder verdrängt.

Abigail hatte große Probleme in der Beziehung. Das heißt, sie hatte ein großes Problem: ihren Mann. Der war zwar reich, wird aber ansonsten als »grob und gemein« beschrieben. Abigail selbst war übrigens »schön und klug« – und vor allem letztere Eigenschaft wird ihr das Leben mit diesem Kerl auch nicht gerade einfacher gemacht haben. Dass sie dennoch nicht resignierte, ist schon bemerkenswert genug. Anhand ihrer Geschichte können wir aber auch viel lernen über den Umgang mit der dritten Art von Problemen, solchen, die äußere Ursachen haben. Sorge zum Beispiel.

Sorge ist nicht immer negativ!

Sie kann sogar ein Anstoß sein, etwas zu verändern – eben eine »dornige Chance«. Ein Beispiel: Ein Freund macht sich Sorgen um seinen Arbeitsplatz. Sein Englisch ist nicht gut genug – er nimmt Bildungsurlaub und geht zwei Wochen nach Brighton auf eine Sprachschule – auf eigene Kosten, mit eigenem Einsatz ...

Natürlich gibt es auch übermäßige, sinnlose Sorgen. Aber jetzt geht es um berechtigte Sorgen. Solche Sorgen sind eine Herausforderung, aktiv zu werden, Strategien zu planen und zu handeln. Das war es, was unser Freund tat, als er nach Brighton ging. Das war es auch, was Abigail tat, als sie Grund hatte, sich große Sorgen zu machen. Sie war eine Zeitgenossin von David. David gehört zu den historischen Personen, die auch heute noch große Bedeutung haben für das Volk Israel. Er war ein großer König und Poet. Als Abigail ihm begegnete, war er allerdings noch ein geächteter Bandenführer auf der Flucht. Eine Art Vorläufer von »Robin Hood«. Der amtierende König wollte ihn töten. Er war eifersüchtig auf

Davids Beliebtheit beim Volk und auf seine Erfolge im Kampf gegen Feinde. König Saul wusste, dass Gott beschlossen hatte, David an Sauls Stelle zum König zu machen. Für Gott war es überhaupt kein Problem, dass David zum Zeitpunkt seiner Erwählung ein unbedeutender Hirtenjunge war. Gott, wie ihn die Bibel zeigt, ist ein Gott, der ein Herz für Schwache hat und ihre großen Möglichkeiten sieht. Dieser Gott sieht die Chancen in den größten menschlichen Problemfällen.

Auch Abigail sieht in David nicht den Geächteten, Gejagten, sondern den künftigen König. Sie ist eben eine kluge Frau mit einem Blick für das aktuelle Tagesgeschehen und die politische Lage. Außerdem ist sie eine spirituelle Frau, die in ihrer Beziehung zu Gott weise geworden ist. Das kann man von ihrem unsäglichen Mann leider nicht behaupten. Er beleidigt den künftigen König aufs Gröbste. David, der damals noch jung und heißblütig war, schwört Rache. Er will Nabal und alle seine Männer töten. Das war nicht die heilige Reaktion, die man von einem Gottesmann erwartet! Aber auch Gottesleute fragen nicht immer nach Seinem Willen. Die Diener Nabals fürchten zu Recht den Zorn Davids und wenden sich vertrauensvoll an die Frau ihres Chefs: Das zeigt, dass Abigail trotz ihrer schwierigen Ehe eine Frau ist, die gute Beziehungen pflegt; sie scheint so etwas wie der gute Geist im Hause Nabals gewesen zu sein. Die Diener machen sich Sorgen und sprechen sie auch aus. Abigail sieht, dass die Sorgen berechtigt sind. Sie überlegt, wie sie das Unheil abwenden kann. Diese drohende Katastrophe, die keine Einbildung ist. David ist schon unterwegs, um sich an Nabal zu rächen.

Abigail handelt.

Knechte führen Esel, beladen mit Bergen von Proviant, dem wütenden David entgegen. Als die Geschenke ihn erreicht haben, nähert sich auch Abigail, kluge Taktikerin, die sie ist. Besänftigt durch die Gaben, die er bekommen hat, ist David bereit, Abigail anzuhören. Ihre kluge Argumentation hält David von einem Mord ab. Der hätte schwere Schuld auf ihn geladen – und seinem Image geschadet. Der künftige König erkennt, was für eine außergewöhnliche Frau er vor sich hat. Er begreift, dass sie ihm Worte Gottes vermittelt. Er weiß, dass er in ihrer Schuld steht.

Angst und Fürsorge brachten Abigail dazu, etwas

zu unternehmen. Das führte dazu, dass alle gerettet wurden.

An Abigail sehen wir sehr deutlich, was es heißt, Lebensumstände zu akzeptieren, die man nicht ändern kann. Und das, ohne dabei bitter zu werden. Wir sehen aber auch, wie viel Mut dazu gehört, Initiative zu ergreifen, da, wo es möglich ist. »Mut zur Veränderung« – das ist ein gängiges psychologisches Thema unserer Zeit!

Auch zum Umgang mit problematischen äußeren Umständen möchte ich Leitsätze formulieren:
- **Verdrängung macht aus Problemen Katastrophen** gilt auch hier.
- **Lass nicht zu, das du bitter wirst in Umständen, die du nicht ändern kannst** – denken sie an Abigails Ehe.
- **Pack mutig an, wo eine Möglichkeit zur Veränderung besteht** – denken Sie an Abigails couragiertes Auftreten bei David.

Natürlich liegt in so einem beherzten Handeln ein Risiko. Es gab keine Garantie, dass David Abigail freundlich anhören würde. Aber wenn sie nichts unternommen hätte, wären alle ihr Anvertrauten mit Sicherheit umgekommen. Es passt nicht zum Menschen, angesichts widriger Umstände zu resignieren, und sich wie ein Schaf zur Schlachtbank führen zu lassen – ohne den Versuch, sich zu wehren.

Ich weiß nicht, was für ein Menschenbild Sie haben.
Woher kommen wir Menschen?
Sind wir Menschen ein Zufallsprodukt? Oder existieren wir, weil wir gewollt sind? Wenn wir zufällig entstanden sind, in einem irgendwie in Gang gesetzten Prozess der Auslese und Weiterentwicklung, dann können wir genauso zufällig ausgelöscht werden – wie die Dinosaurier. Wenn wir aber bewusst geschaffen sind, dann gibt es jemand, der größer ist als wir und der Interesse an uns hat.

Als Christ glaube ich, dass dieser Jemand Gott ist, der uns immer wieder neue Chancen gibt. Sowohl der Menschheit als auch uns als einzelnen Menschen. Ich halte es für wahr, dass Gottes größte Chance für uns Jesus Christus ist. An ihm sehen wir, dass Gott nicht das Recht des Stärkeren für sich beansprucht. Gott wird freiwillig schwach, um schwache Menschen aufzurichten.

Gerade, wenn Sie zu den zaghaften, leisen Menschen gehören, wenn Sie es nicht aufgrund einer robusten Grundausrüstung schaffen, widrige Umstände als Chancen zu sehen, wird Ihnen der Glaube an diesen Gott Mut und innere Stärke geben – so wie mir.

»Probleme sind dornige Chancen« – diese Herausforderung gilt allen Menschen. Und deshalb gelten die psychologischen Tipps auch allen.

Bei Problemen, deren Ursache in uns selbst liegt, gilt:
- **Verdrängung macht aus Problemen Katastrophen!**
- **Stelle dich deinen Unzulänglichkeiten und Charakterschwächen und arbeite an ihnen!**
- **Auch die anderen sind nicht perfekt und ohne Schuld!**

Bei Problemen, die durch Beziehungen entstehen, gilt:
- **Verdrängung macht aus Problemen Katastrophen!**

– Stelle dich den Unzulänglichkeiten und Charakterschwächen der anderen, aber versuche nicht, sie zu ändern!
– Auch du selbst bist nicht perfekt und ohne Schuld!

Bei Problemen durch äußere Ursachen gilt:
– Verdrängung macht aus Problemen Katastrophen.
– Lass nicht zu, dass du bitter wirst in Umständen, die du nicht ändern kannst!
– Pack mutig an, wo eine Möglichkeit zur Veränderung besteht!

Als Grundvoraussetzung für die Arbeit mit diesen Tipps ist es zunächst wichtig, an der Katastrophen-Käthe in uns zu arbeiten. Ihre Enttarnung ist der erste Schritt. Es hilft ungemein, sie nicht ganz so ernst zu nehmen. Sie hat viel weniger Macht, wenn wir sie auslachen. Noch wichtiger als Humor ist Ehrlichkeit uns selbst gegenüber. Stoppen Sie alle Verdrängungskünste im Blick auf ihre Unzulänglichkeiten und Charakterschwächen! Stoppen Sie alle Verdrängungskünste im Blick auf ihre engsten Beziehungen! Schauen Sie Sorgen und anderen negativen Umständen ohne rosarote Brille ins Gesicht! Erst dann ist der zweite Schritt möglich: Sich den Herausforderungen zu stellen und zu arbeiten. Auch der Wille, den Partner, die Kinder, die Eltern nicht mit Gewalt ändern zu wollen, bedeutet Arbeit. Mut und Risikobereitschaft sind dafür unerlässlich. Ich ziehe den Hut vor Ihnen, wenn Sie das aus eigener Kraft schaffen.

Ich selbst schaffe das – ansatzweise – nur mit Gottes Hilfe. Wenn Sie sich angesichts von Problemen auch schwach und hilflos fühlen, dann wenden Sie sich an Gott. Er hat versprochen, niemand hängen zu lassen, der seine Hilfe erbittet.

7. Gott ermutigt

Ich möchte eine uralte Geschichte erzählen – eine orientalische Geschichte, gut 2500 Jahre alt. Ich will sie in einer modernen Form erzählen, damit sie nicht so weit weg erscheint. Stellen Sie sich vor: Bombastische Fanfarenmusik wie in den Hollywoodklassikern à la »Quo vadis« oder »Ben Hur«. Die Totale zeigt eine riesige, lebendige Stadt – Susa, die Hauptstadt des Perserreiches. Die Burg wird erfasst – eine gigantische Stadt für sich alleine. Und dann wird die Musik getragen und leise und die Kamera schwenkt von den prunkvollen Häusern in immer armseligere Gegenden und bleibt irgendwo in einem unbeachteten Winkel an einer sehr bescheidenen Behausung hängen. Die Einstellung zeigt Hadassa, ein nettes junges Mädchen, und es wird deutlich: Hier handelt es sich um eine doppelt unbedeutende junge Dame. Zum einen ist sie Jüdin, d. h. sie ist im Perserreich ein Flüchtling aus einem besetzten Land. Und zum zweiten ist sie Waise, d. h. sie hat keinen Bezug zu ihren Wurzeln und steht ganz alleine da. Zwar hat sich ihr Onkel Mordechai ihrer angenommen, der ist aber auch nur ein unbedeutender Torwächter am Burgtor des Königs. Also ein Leben ohne echte Zukunftsperspektive. Resignation wäre nachvollziehbar.

Und Schnitt – die Kamera schwenkt in den bombastischen Prunksaal der Burg von Susa. Hunderte von Würdenträgern des Königs sind hier versammelt und zahlreiche Botschafter aus aller Herren Länder. Feinstes Essen, feinster Wein, die besten Stars und Sternchen, die das Reich zu bieten hatte! Irgendwann dachte Xerxes, er könne noch mal einen draufsetzen. Nur, damit sich keiner der illustren Gäste langweilt. Er hatte das Glück, mit einer der schönsten Frauen seiner Zeit verheiratet zu sein – unter anderem natürlich. Seine erste Königin hieß Waschti und er dachte sich, dass es nett wäre, sie vor diesen vielen, vielen Männern tanzend zur Schau zu stellen. Hut ab vor Waschti! Die dachte nämlich nicht daran, sich resigniert den Launen ihres Gatten unterzuordnen und dabei ihre Würde zu verlieren. Sie weigerte sich einfach, ihm zu Willen zu sein. Was für ein Mut! Sie wusste, womit sie rechnen musste. Und das passierte dann auch. Angestachelt durch seine – natürlich nur männlichen Ratgeber – verstieß Xerxes die ungehorsame Ehefrau.

Schnitt und zurück zu Hadassa.

Die Häscher des Königs sind im ganzen Perserreich unterwegs, um die schönsten Mädchen einzufangen. Schließlich braucht der König eine neue Hauptfrau! Die Soldaten also entdecken Hadassa. Leider ist sie so schön, dass sie gleich mitgenommen wird. Ihr Onkel Mordechai, kann das nicht verhindern und ihm bleibt nur, ihr seine Liebe zu versichern und ihr eine unverständliche Bitte mit auf den Weg zu geben: »Verrate niemand, dass du zum jüdischen Volk gehörst!«

Und dann begleitet die Kamera Hadassa in den Harem hinein – als eine unter Tausenden. Und ein wahres Verwöhnprogramm startet. Monatelang Kosmetik, Pediküre, Maniküre, Massagen – wunderbare Sache, wenn frau nicht eingesperrt ist! Und auf den Tag X wartet, wo sie dem Löwen zum Fraß vorgeworfen werden soll. Nun ja, Tag X kommt – und der große König ist so begeistert, dass er Hadassa zu seiner ersten Königin macht.

Hier nun könnte jeder gute Hollywoodfilm enden – mit einem großen Happy-End. Das war ein rasanter Aufstieg für Hadassa – von einer Niemand zur ersten Frau des großen Perserreiches. Aber der neuen Königin ist kein friedlicher Luxus gegönnt.

Im Film käme jetzt wieder ein Kameraschwenk. Dramatische Musik – der Bösewicht erscheint. Haman, der erste Beamte des Königs. Der hasst schon lange den Onkel Hadassas.

Alle anderen Diener des Königs verneigen sich ehrfurchtsvoll vor Haman, bloß Mordechai nicht. Der weiß, dass man Menschen nicht anhimmeln soll und hält sich dran. Haman ist informiert darüber, dass Mordechai Jude ist, und ersinnt einen perfiden Racheplan. Mit Tricks und Ränken gaukelt er dem König vor, dass alle Juden ihm übel gesinnt seien und erbittet ein Gesetz, sie alle an einem bestimmten Tag vernichten zu dürfen. Und der König, der Haman vertraut, stimmt zu. Hadassa kriegt von dieser Intrige nichts mit. Wie sollte sie auch? Damals hatten Frauen den Männern zu Diensten zu sein, sie zu erfreuen – und das war es dann mit ihrem politischen Einblick und Einfluss.

Aber Mordechai erfährt von diesem Plan, und er schafft es, mit Hadassa im Harem Kontakt aufzunehmen. »Es ist dein Volk«, sagt er zu ihr, »an dir liegt es, uns zu retten!« Er, der sonst so fürsorglich ist, macht sich keine Gedanken darüber, was das für seine Nichte bedeutet. Niemand durfte sich dem Perserkönig nähern, es sei denn, er wurde gerufen. Wer es trotzdem wagte, musste sterben. Wie also soll Hadassa ungefragt vor den König treten, ohne ihr Leben zu riskieren? Wie soll sie für ihr Volk eintreten, ohne dass Xerxes nach ihr schickt? Hadassa muss warten, bis sie wieder an der Reihe ist – eigentlich. Angesichts des drohenden Todes hätte sie resignieren können, sich verhuscht und ängstlich zurückziehen. Stattdessen packt sie den Stier bei den Hörnern. Wie klug sie dabei vorging, welcher »Zufall« ihr zur Hilfe kam und was aus dem Erzfeind Haman wurde, ist noch mal eine lange Geschichte.

Erst einmal ist das wichtig: Hadassa, deren persischer Name Esther *Stern* bedeutet, hat es geschafft, ihr Volk zu retten. Weil sie sich nicht der Resignation hingegeben hat. Und weil sie sich nicht vor ihrer Verantwortung gedrückt hat.

Für die Juden ist das eine historische Geschichte

– sie feiern noch heute das Purimfest aus Dank für die damalige Rettung des Volkes durch Esther. Im Kampf gegen Resignation haben uns Menschen schon immer die Erinnerungen an Vorbilder geholfen – an Volkshelden. Esther spornt an, auch in ausweglosen Situationen Verantwortung zu übernehmen, statt zu resignieren. Unsere Gesellschaft braucht solche Menschen. Sie kämpfen gegen Missstände, die man auch resigniert als gegeben hinnehmen könnte. Sie retten Menschen, die andere schon verloren gegeben haben: Schwierige Kinder z. B., Behinderte, Drogensüchtige, Arme ... Mutter Teresa ist ein modernes Beispiel für so einen Menschen.

Aber auch Waschti ist ein Vorbild in der alten Geschichte. Frauen wie ihr haben wir es zu verdanken, dass wir heute da stehen, wo wir stehen. Wir können z.B. unbefriedigende Beziehungen verlassen. Bis vor gut 100 Jahren war das nicht möglich. Wir Frauen waren abhängig – von den Vätern, später von den Ehemännern. Oder vielleicht von den Brüdern, wenn es keinen Ehemann gab. Frauen hatten kein Recht auf Ausbildung, kein Wahlrecht, keine Gleichberechtigung.
Dass wir heute anders dastehen, haben wir Frau-

en zu verdanken, die wie Waschti gegen das Unrecht protestiert haben. Die ersten Frauenrechtlerinnen wurden dafür mit Gefängnis bestraft oder von der Polizei zusammengeschlagen. Dennoch hatten sie den Mut, gegen die bestehenden Verhältnisse aufzubegehren. Denselben Mut, den später auch ein Martin Luther King an den Tag legte oder Mahatma Gandhi. Viele Schwarze in den USA hatten damals resigniert. Sie hatten sich mit der Rassendiskriminierung abgefunden. Wie gut, dass Martin Luther King der Resignation den Kampf angesagt hat! Genauso wie Gandhi der Armut und Ungerechtigkeit in Indien. Dass gewaltloser Widerstand möglich ist gegen die Mächtigen – das haben diese Männer uns vorgemacht.

Und Gott findet das gut! Er will keine schwachen Marionetten! Wir sind nach seinem Bild geschaffen – deshalb ist die Kampfansage wider Resignation in uns angelegt. Gott selbst ermutigt uns dazu. Esther und Waschti – sind Frauen der Bibel. Sie ist voll von Geschichten von Frauen und Männern, die angesichts von schwierigen Menschen, widrigen Umständen, Krankheiten, Schuld zu resignieren drohen. Gott selbst greift da ein! Er hat Verständnis für diesen Wunsch, sich aufzugeben, verurteilt niemand dafür. Wir dürfen diese Phasen der Verzweiflung haben – auch das gehört zum Menschsein. Aber Gott möchte, dass wir aufrecht gehen. Er liebt uns, wenn wir schwach sind, aber er ist um unsertwillen traurig, wenn wir uns dauerhaft hängen lassen. Seine Menschen sind für ihn Wesen mit Würde – deshalb zeigt die Bibel uns auch, wie Gott selbst seine Menschen wieder aufrichtet, sie ermutigt, ihre Würde zu wahren oder wieder herzustellen. Er hat uns so gemacht, dass wir lernen können, der Resignation den Kampf anzusagen. Denken Sie noch an die Tipps gegen Resignation?

Wenn Gene oder Erziehung dein Problem sind:
– **Arbeite an einer ordentlichen Buchführung!**

Wenn eigene Fehler, Schuld dich lähmen:
– **Stelle dich der Frage nach Bequemlichkeit und Feigheit!**

Wenn Beziehungen dich resignieren lassen:
– **Change it, love ot or leave it!**

Diese lassen sich auch alle in der Bibel finden.

8. Schlussgedanken

Allerdings ist auch in der Bibel ganz deutlich: Es gibt mindestens ein Problem, das wir mit aller Stärke oder allem Goodwill nicht selbst lösen können. Ein großes Problem, an dem wir immer wieder resigniert scheitern. D.h., vielleicht ist »wir« hier jetzt das falsche Wort. Ich kenne Menschen, die mit der Realität »Tod« ganz cool umgehen. Die leben ganz gut mit dieser Aussicht, dass sie eben irgendwann sterben werden. »So ist das Leben nun mal«, sagen sie. Wenn Sie zu diesen Menschen gehören, will ich Ihnen natürlich keine Angst einreden. Nehmen Sie das folgende einfach interessiert zur Kenntnis als mein persönliches Problem. Ich teile es gewiss mit vielen Menschen, aber eben nicht mit allen. Mir macht der Tod Angst. Die Vorstellung, irgendwann nicht mehr zu existieren, finde ich gruselig. Noch furchtbarer ist der Gedanke, geliebte Menschen an den Tod zu verlieren. Gegen den Tod bin ich absolut machtlos. Gegen Vieles, was mich niederdrücken will, kann ich ganz gut kämpfen. Resignation ist an sich nicht mein Thema. Angesichts des Todes aber helfen mir keine Erkenntnisse, keine noch so guten Tipps, keine Freunde, keine Psychologie. Deshalb bin ich froh, dass ich an Gott glauben kann, so wie er sich in der Bibel vorstellt. Das Problem des Todes, das wir selbst nicht lösen können, hat Gott für uns gelöst! In Jesus Christus hat er dem Tod die Macht genommen. Ich weiß, dass der Tod nicht das letzte Wort in meinem Leben spricht, sondern Gott, mit dem ich schon jetzt lebe und der auch nach meinem Tod mit mir leben möchte.

Wenn alle anderen Stricke reißen, dann bleibt als Kampfansage an die Resignation eines übrig: *Hoffnung*.

Nun gibt es sicher blauäugige Hoffnungen. Hoffnung ist nur dann etwas wert, wenn sie lebendig ist, wenn sie durch Vertrauen wächst und bestärkt wird. Wer in diesem Leben mit Gott unterwegs ist, der erlebt, dass Gott wirklich da ist, dass er für uns ist und in unser Leben eingreift, es mitgestaltet. Ich möchte Sie herzlich einladen, das auszuprobieren!

Wenn Sie das nicht können – oder noch nicht können – besinnen Sie sich zunächst auf das, was sie selbst tun können, um nicht am Leben zu resignieren. Aufgeben, sang- und klanglos untergehen – das ist nicht das, was in uns angelegt ist. Wir haben die Fähigkeit, Probleme zu erkennen. Wir haben die Fähigkeit, Entscheidungen zu treffen. Zum Beispiel die, dass die dunklen Seiten unserer Gene, unserer Erziehung nicht die Oberhand gewinnen sollen. Wir haben die Fähigkeit, Gemeinschaft zu leben. Wir können über unsere Schwierigkeiten sprechen und uns Hilfe suchen. Suchttherapie, Ehetherapie, Seelsorge, Weight Watchers – überall stehen uns Experten zur Verfügung. Wir haben die Fähigkeit, Schuld einzusehen und um Vergebung zu bitten. Wir haben die Fähigkeit, Veränderungen anzugehen, Liebe zu lernen und loszulassen.